ACTIVITIES BOOK

DOGS

Coloring ilustrations and alphabet soup

INTRODUCTION

In this book we have beautiful illustrations of dogs that you can color to your liking and you can search for a name for each one.
The entertainment continues with fun word search puzzles where you can find different breeds of dogs .

Alphabet Soup

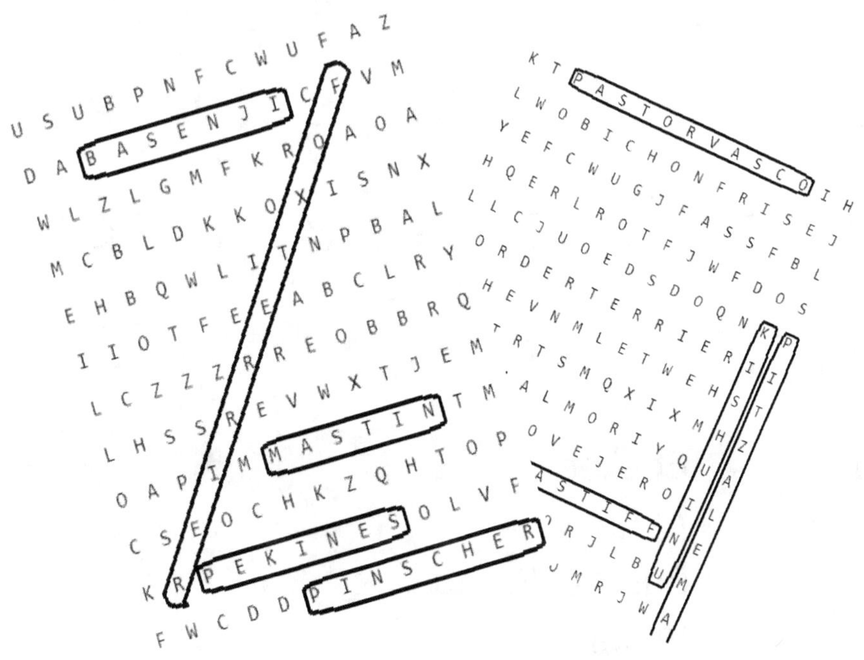

E	D	A	T	I	K	A	J	I	D	C	S	B
J	N	B	N	V	I	D	B	Q	L	H	R	T
C	U	P	U	N	F	M	U	L	F	I	O	B
J	O	U	H	Q	D	T	L	Z	R	H	T	O
B	H	B	L	B	Q	P	L	H	E	U	T	X
G	T	E	E	N	Z	E	T	R	K	A	W	E
U	E	A	H	B	W	G	E	V	C	H	E	R
S	S	G	C	P	N	J	R	J	O	U	I	G
X	S	L	I	R	W	L	R	Z	C	A	L	U
V	A	E	N	E	C	T	I	C	A	Z	E	A
E	B	J	A	U	V	H	E	P	P	T	R	H
H	A	P	C	A	Z	B	R	P	C	O	K	E
N	M	E	L	A	R	O	T	S	A	P	S	K

Chihuahua
Pastor alemán
Caniche
Rottweiler
Beagle

Cocker
Akita
Basset Hound
Boxer
Bull Terrier

U	S	U	B	P	N	F	C	W	U	F	A	Z
D	A	B	A	S	E	N	J	I	C	F	V	M
W	L	Z	L	G	M	F	K	R	O	A	O	A
M	C	B	L	D	K	K	O	X	I	S	N	X
E	H	B	Q	W	L	I	T	N	P	B	A	L
I	I	O	T	F	E	E	A	B	C	L	R	Y
L	C	Z	Z	Z	R	R	E	O	B	B	R	Q
L	H	S	S	R	E	V	W	X	T	J	E	M
O	A	P	I	M	M	A	S	T	I	N	T	M
C	S	E	O	C	H	K	Z	Q	H	T	O	P
K	R	P	E	K	I	N	E	S	O	L	V	F
F	W	C	D	D	P	I	N	S	C	H	E	R

Basenji
Salchicha
Pinscher
Yorkshire
Pomerania
Pekines
Terranova
Fox Terrier
Mastin
Collie

K	L	B	A	Z	L	P	K	O	V	W	Q	I	R
A	F	F	E	N	P	I	N	S	C	H	E	R	E
X	T	F	P	Q	J	T	S	D	P	F	H	I	Z
S	C	S	K	E	K	K	A	Q	B	A	I	X	U
G	C	N	S	V	P	X	L	T	L	E	Y	Y	A
V	C	N	W	S	X	L	O	G	A	S	Z	O	N
O	M	H	F	E	H	Z	F	B	T	M	D	L	H
D	W	E	I	N	A	R	A	N	E	R	L	C	C
G	A	L	G	O	A	F	G	A	N	O	K	A	S
I	L	L	E	S	U	R	K	C	A	J	Y	E	D
X	X	M	S	H	A	R	P	E	I	L	O	U	B
T	R	E	I	R	R	E	T	N	O	T	S	O	B
C	Y	D	B	E	R	G	A	M	A	S	C	O	J
A	W	L	H	G	E	I	T	S	E	W	K	D	G

Affenpinscher
Westie
Boston terrier
Sharpei
Bergamasco
Schnauzer
Galgo Afgano
Dalmata
Weinaraner
Jack Rusell

F	D	W	H	I	P	P	E	T	U	K	X	R
A	B	V	C	R	B	O	H	M	I	Z	C	E
S	S	Z	N	A	M	R	E	B	O	D	U	L
S	A	E	D	U	G	C	Z	N	G	W	R	I
S	C	N	N	J	M	T	X	E	X	O	L	E
G	A	V	B	A	Z	A	W	A	K	H	P	W
Q	W	M	Z	E	D	L	B	P	P	C	U	T
G	X	G	O	Q	R	N	B	G	V	W	G	T
X	Y	D	J	Y	X	N	A	Y	U	O	T	O
B	Q	H	K	V	E	D	A	R	W	H	Q	R
U	X	D	B	F	F	D	C	R	G	C	P	S
I	K	U	L	A	S	Q	O	B	D	C	X	L
T	G	U	D	K	M	T	D	W	H	O	S	F

Azawakh
Gran Danes
Whippet
Saluki
Samoyedo

Pug
Doberman
Chow Chow
Rottweiler
San Bernardo

D	Y	K	B	N	G	L	L	F	L	A	B	H	C	V
O	Y	S	B	Y	E	V	L	T	X	K	K	V	R	Q
G	L	T	Y	Y	C	K	U	E	R	Y	Y	O	E	K
O	L	B	K	X	J	Y	B	P	E	H	X	S	S	F
D	U	K	X	T	H	W	T	A	I	P	U	V	T	X
E	B	P	C	R	D	K	I	S	R	U	X	E	A	U
B	N	E	X	A	V	X	P	T	R	L	O	U	D	S
U	A	R	H	F	E	P	B	O	E	I	Y	R	O	D
R	C	C	Y	H	F	P	Y	R	T	F	V	A	C	T
D	I	W	G	E	S	O	U	S	X	K	J	S	H	S
E	R	A	Z	X	L	M	K	U	O	N	K	I	I	G
O	E	U	F	L	F	S	C	I	F	G	A	E	N	D
S	M	D	U	A	Z	K	T	Z	P	Y	C	R	O	S
F	A	D	X	Z	M	Y	Y	O	S	A	I	D	M	G
E	S	E	T	T	E	R	I	R	L	A	N	D	E	S

Pitbull	Setter Irlandes
Eurasier	American Bully
Dogo de Burdeos	Pomsky
Pastor Suizo	Fox Terrier
Puli	Crestado Chino

K	T	P	A	S	T	O	R	V	A	S	C	O	I	H
L	W	O	B	I	C	H	O	N	F	R	I	S	E	J
Y	E	F	C	W	U	G	J	F	A	S	S	F	B	L
H	Q	E	R	L	R	O	T	F	J	W	F	D	O	S
L	L	C	J	U	O	E	D	S	D	O	Q	N	K	P
B	O	R	D	E	R	T	E	R	R	I	E	R	I	I
J	A	H	E	V	N	M	L	E	T	W	E	H	S	T
J	E	Q	T	R	T	S	M	Q	X	I	X	M	H	Z
A	G	P	Q	M	A	L	M	O	R	I	Y	Q	U	A
P	A	S	T	O	R	O	V	E	J	E	R	O	I	L
C	T	B	U	L	L	M	A	S	T	I	F	F	N	E
H	A	F	K	O	M	O	D	O	R	J	L	B	U	M
W	K	O	R	E	Y	O	B	Z	O	M	R	J	W	A
B	J	Z	A	I	Z	E	P	J	X	S	C	J	Z	N
S	L	S	I	O	N	I	L	A	M	E	D	R	Y	B

Boyero
Bullmastiff
Komodor
Malinois
Pastor Vasco
Kishu Inu
Pastor Ovejero
Border Terrier
Spitz Aleman
Bichon Frise

¡¡ CONGRATULATIONS !!

You have in your hands an activity book that was made with love for you. I want to thank you for your trust, I hope to continue counting on your support and your reviews that help me grow.

With love..

www.ingramcontent.com/pod-product-compliance
Lightning Source LLC
LaVergne TN
LVHW080040170826
845677LV00025B/1916